AMANECERÁ
Cuando el Sol tome su lugar en el firmamento
y despeje las sombras de nuestra memoria, recordaremos
las historias que los abuelos nos contaron.

Este es un libro de Ediciones LQ
Publicado por Levine Querido

www.levinequerido.com • info@levinequerido.com
Levine Querido es distribuido por Chronicle Books, LLC
Copyright de la historia e ilustraciones © 2017 de David Daniel Álvarez Hernández
Copyright del texto © 2023 by David Bowles
Publicado originalmente por Fondo de Cultura Económica, México
Todos los derechos están reservados
Library of Congress Control Number: 2022945158
ISBN 978-1-64614-254-5
Impreso en China

Publicado en marzo del 2023
Tercera impresión
La tipografía de este libro es Cochin.
David Álvarez creó las ilustraciones con pintura acrílica y óleos,
los cuales después fueron digitalizados.

Noche antigua

DAVID ÁLVAREZ
con DAVID BOWLES

Ediciones
LEVINE QUERIDO
MONTCLAIR • AMSTERDAM • HOBOKEN

Al comienzo de todo, los viejos nos cuentan,
el cosmos estaba callado y quieto.
Solo la luna brillaba redonda
en la vasta y estrellada oscuridad del cielo.

Para mantener su luz brillando siempre,
la Coneja bajó con cuidado
por el tronco de la Gran Ceiba
y atravesó el mundo
rodeado de mar…

…para traer más aguamiel,
el néctar precioso y brillante
que rebosa en el corazón
del primer y santo maguey.

El astuto Tlacuache
había visto cómo la luna
se volvía más brillante
y más tenue
y de nuevo más brillante
con cada noche que pasaba.

¿Por qué cada gota debe ser para ti? pensó.

Sorprendida de que el cielo
estuviera tan oscuro,
la Coneja comenzó a seguir
una luz que iba oscilando.

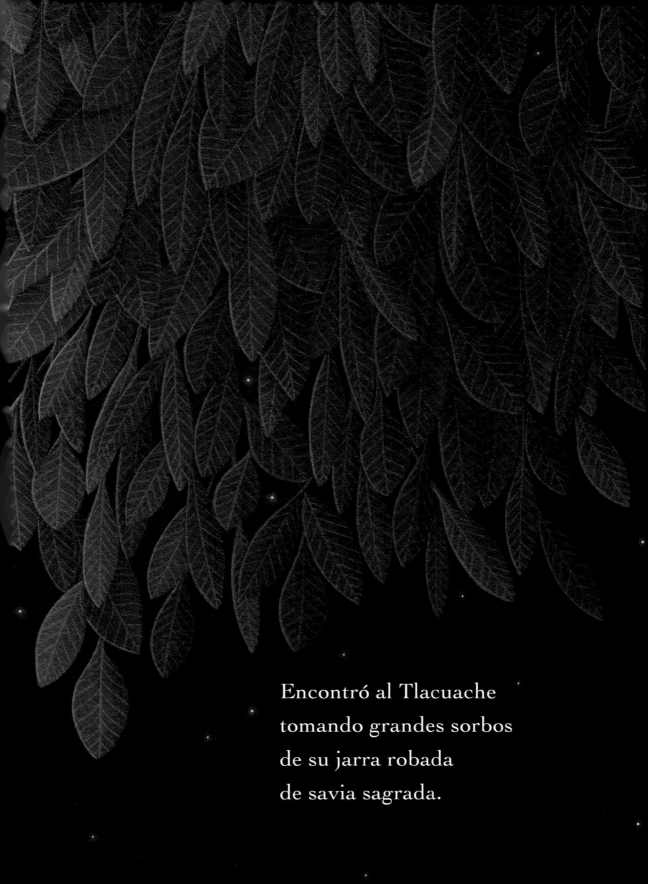

Encontró al Tlacuache
tomando grandes sorbos
de su jarra robada
de savia sagrada.

"Tlacuache tonto,
¿qué has hecho?"
la Coneja exclamó.
"¡Ya no hay luz celestial
que brille sobre la Tierra!"

Arrepentido y apenado, huyó el Tlacuache a su madriguera. Luego, se acordó de un tesoro en lo profundo de la Tierra.

Fue en busca de ese fuego
preparado por los dioses,
un regalo para futuros humanos
que quizá tiemblen en la oscuridad.

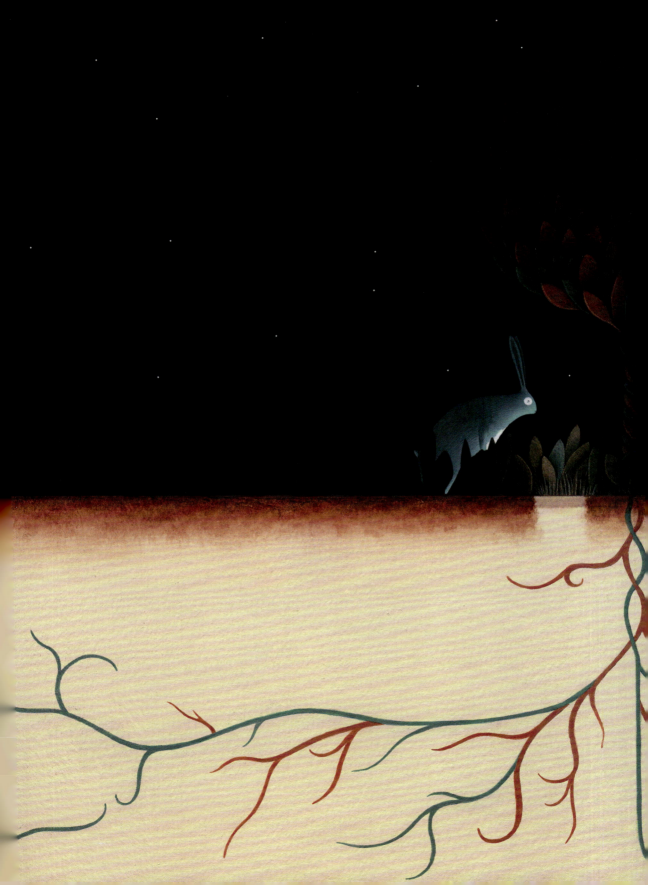

Al robarlo, se le quemó
al Tlacuache la punta de la cola,
pero colocó el sol abrasador
en su debido lugar en el cielo.

Ahora, cuando el brillo de la luna se desvanece con el sol cada alba, el Tlacuache y la Coneja, Guardianes de la Luz,

beben juntos su aguamiel
y comparten todo lo que ven
en sus muchos viajes épicos
por el mundo rodeado de mar.

UNA NOTA DE LOS CREADORES

Noche antigua da un toque diferente a unas historias tradicionales de Mesoamérica, lo que ahora llamamos México y Centroamérica, entretejiéndolas para crear un cuento que esperamos se sienta nuevo y atemporal. Estos son algunos de los elementos que reunimos:

La Gran Ceiba

En la mayoría de las historias de creación mesoamericanas, especialmente entre los pueblos maya y nahua, los cielos están sostenidos por las ramas de un árbol enorme, generalmente una ceiba. Este "Árbol del Mundo" representa la cola de un enorme caimán o lagarto, cuya piel nudosa se parece al tronco espinoso de una ceiba. Muchos grupos mayas creen que la Gran Ceiba es un caimán antiguo entero. La mayoría de los nahuas consideran que se trata solo de la cola, mientras que la Tierra misma se hizo con el cuerpo del reptil gigantesco llamado Cipactli.

En cualquier caso, en las raíces del árbol se asienta el Inframundo. Para las personas en Mesoamérica, este no era solo un lugar donde iban los espíritus de los difuntos. La luna y el sol también pasaban la mitad del día en el Inframundo, descansando mientras el Dios del Fuego avivaba su luz.

El conejo y la luna

Para los mesoamericanos, las manchas oscuras de la luna son las huellas de un conejo. Hay diferentes versiones de por qué un conejo fue a la luna. Algunas historias afirman que la luna una vez brillaba tanto como el sol, a pesar de que el dios que se convirtió en la luna había tenido miedo de entrar en la hoguera divina mientras que el dios que se hizo el sol había caminado valiente entre las llamas. Para recordarle al mundo que la luna no era tan heroica como el sol, se arrojó un conejo a la luna para que le pisoteara la cara y disminuyera su brillo.

Otros cuentos pintan al conejo como un guardián de la luna, puesto en alto como un premio de los dioses que reconocen su bondad desinteresada. En algunas tradiciones mayas, el conejo es el hijo mayor de la luna, que huye hasta que lo atrapa el sol y lo devuelve a su madre.

El tlacuache y el fuego del sol

Otra figura animal venerada en toda Mesoamérica es el tlacuache. Las tradiciones mazatecas dicen que gobernó el mundo en una época anterior a los inicios de la civilización humana. La gente cora lo llama Yaushu.

Este tlacuache era a la vez tonto y sabio, reconocido por amar a la humanidad tanto que corre grandes riesgos. En una historia, por ejemplo, los humanos dejan que su fuego se apagara. Fue creado por un rayo, por lo que no tienen forma de reiniciarlo. Le ruegan a Yaushu que los ayude, por lo que sigue al sol mientras se pone, entrando al Inframundo, portando ollas de pulque. Comparte la bebida con el Dios del Fuego, que acaba de avivar las llamas del sol. El dios toma tanto pulque que se duerme. Yaushu finalmente tiene la oportunidad de robar el fuego de la hoguera divina, ¡pero no queda madera para hacer una antorcha!

A falta de opciones, el tlacuache prende fuego a su cola y corre rápido de regreso al mundo de los vivos. Sus humanos le están esperando con una enorme pila de leña, y Yaushu vuelve a prender su hoguera. Ahora las colas de los tlacuaches están siempre pelonas.

El maguey y el aguamiel

El tlacuache también es famoso por descubrir el aguamiel, la deliciosa savia del maguey que crece por toda Mesoamérica. Con sus manos ágiles, casi humanas, pudo excavar en el corazón de la planta para obtener el líquido meloso, que se convirtió en una bendición para quienes viven en el desierto. El aguamiel calma la sed, aporta energía, contiene proteínas y tiene propiedades medicinales.

Eventualmente, según algunos cuentos, el tlacuache aprendió a dejar reposar el aguamiel y fermentarlo hasta convertirse en un vino fuerte llamado pulque. Pero el pueblo tlapaneco dice que el tlacuache robó el pulque de los dioses, para dárselo a la humanidad para que pudieran calentarse incluso sin fuego. ¡El único problema era que el tlacuache era el que más bebía! Un día tomó tanto pulque que anduvo a tropezones por toda Mesoamérica. Su cola zigzagueaba por el suelo, creando las curvas serpenteantes que se convertirían en nuestros ríos.

Entretejiendo historias

Durante miles de años, los pueblos de Mesoamérica han vuelto a contar estas historias y muchas, muchas más, cambiándolas poco a poco, sumando y restando las ideas que les importan. Incluso hoy, se pueden escuchar nuevas versiones en comunidades de México y Centroamérica. En este libro, hemos hecho lo mismo: juntar a la coneja y el tlacuache tenía sentido creativo para nosotros. Ambos están asociados con las principales luces del cielo, y unirlos junto con la Gran Ceiba y el aguamiel era como imaginar una versión mucho más vieja de esos cuentos, algo verdaderamente antiguo, de un tiempo olvidado, cuando los animales sabios y tontos gobernaban el mundo, esperando que los humanos finalmente emergieran.